Steindl-Rast

Erwachende Worte

David Steindl-Rast

# Erwachende Worte

## Meditative Gebete

*Illustriert mit Vignetten aus der Feder des Autors*

Patmos Verlag

Autor und Verlag danken Frau Eve Landis
für ihre Unterstützung bei der Veröffentlichung
dieses Buches.

# Inhalt

# Wie dieses Büchlein entstanden ist und wozu es gut sein könnte

Weitaus am liebsten bete ich wortlos. Das große Geheimnis, das wir Gott nennen, ist ja unendlich über Worte und Begriffe erhaben. Am nächsten fühle ich mich ihm, wenn ich mich in den Abgrund seiner Stille hinuntersinken lasse. Dann kann ich schweigend das große Schweigen feiern, in dem alle Worte noch schlummern.

Aber auch im erwachenden Wort begegnen wir dem Geheimnis. Alles, was es gibt, kommt ja aus dem großen Geheimnis hervor – „wie das Erz aus des Steins Schweigen",[1] wie die Glockenspeise aus den Erzadern, wie das jubelnde Geläut aus den Glocken. In allem, was es gibt, kommt das geheimnisvolle Schweigen zu Wort. Aber es wird erst dann vollends zum Wort, wenn es gehört wird. Im Hinhorchen können wir beides zugleich feiern: das Wort und das Geheimnis, aus dem es seinen Ursprung nimmt und in dessen Stille es hinabreicht.

Eine Heckenrose etwa ist in ihrem innersten Wesen ein Wort, das mich anspricht, wenn ich lerne, innezuhalten und mit dem Herzen zu horchen. In dem Ausmaß, in dem es mir gelingt, dieses liebende Hinhorchen zu erlernen, wird alles zum Wort: Dinge, Lebewesen, Ereignisse – alles, was mir Augenblick für Augenblick begegnet. Die Welt beginnt zu sprechen, ja sie „hebt an zu singen",[2] und ich bin eingeladen mitzusingen. Auch das ist Gebet.

Im Lauf meiner schriftstellerischen Arbeit ist mir immer klarer geworden, dass auch gesprochene oder geschriebene Worte geheimnisvolle Gebilde sind – weit mehr also als nur abstrakte Zeichen für das, worauf sie hinweisen. Sie beschwören es vielmehr herauf, machen es gegenwärtig und besitzen eine geheimnisvolle Kraft, das Heraufbeschworene zu verherrlichen. Vielleicht ist das sogar die ursprüngliche Aufgabe von Worten.

Eine ergreifende Szene aus François Truffauts Film „L'Enfant sauvage" (1970; deutscher Titel: „Der Wolfsjunge") zeigt den Versuch das Arztes Jean Itard, den Jungen Victor, der in seinen ersten zwölf Lebensjahren (1788 bis 1800) nackt und allein in südfranzösischen Wäldern aufgewachsen war, Sprechen zu lehren. Der Arzt versteht das Wort als eine Art Auslösemechanismus. Er hält Victor eine Schale Milch hin, gibt sie ihm aber nur unter der Bedingung, dass der Junge das Wort „Milch" sagt, das Itard ihm immer wieder vorspricht. Aber vergebens.

Missmutig bricht der Arzt das Experiment ab und überlässt Victor die Schale. Jetzt aber strahlt plötzlich das Kind und sagt ganz feierlich: „Milch". Das Wort ist eben weit mehr als Signal – seine ursprüngliche und bleibende Aufgabe ist: zu feiern und zu rühmen.

Diese Überzeugung liegt meinem Versuch zugrunde, mit Worten zu beten. Darunter verstehe ich freilich mehr, als beim Beten Worte zu verwenden. Ich möchte mich vielmehr dem feiernden, rühmenden Beten anschließen, das schon in den Worten selbst liegt – in den Dingen, als „Worte" verstanden, und auch in den Worten, die Dinge sprachlich ausdrücken.

Zu Beginn der Fastenzeit empfangen wir Benediktinermönche aus der Hand des Abtes ein Buch, das er für uns persönlich auswählt und das wir, so schreibt der heilige Benedikt in seiner Regel, „per ordinem ex integro" – also „von Anfang bis Ende" – lesen sollen. Vor einigen Jahren war mein „Fastenbuch" ein Gedichtband. Da übte ich dieses Beten-mit-Worten und schrieb zu je einem Wort aus jedem Gedicht ein Gebet nieder. So kamen die kurzen Gebete in diesem Büchlein zustande.

Dabei machte ich es mir zur Regel, kein Gedicht zu überspringen und aus jedem nur ein einziges Wort zu wählen. Meine freie Wahl schien mir dabei ebenso wichtig wie die Bindung an meine selbstgewählte Spielregel. Das machte mein Beten nämlich zu einer Übung fürs tägliche Leben. Da wird uns ja auch in jedem gegebenen Augenblick nur eine gewisse Zahl von Gelegenheiten angeboten; unter denen aber können wir frei wählen. Wenn wir dies aufmerksam und hellhörig tun, dann erkennen wir jeden Augenblick als Wort und geben dem Geheimnis, das uns mit diesem Wort anspricht, Antwort. Ein auf diese Weise dialogisch gelebtes Leben ist ein gelungenes Leben.

Es wäre mir eine große Freude, wenn alle, die dieses Büchlein lesen, das Beten-mit-Worten selber so versuchen wollten. Auf so ernsthaft spielerische Weise können wir nämlich eintreten in den „großen Reigentanz der Dreieinigkeit", wie Gregor von Nyssa (ca. 340 – ca. 394) es nannte. Wir schließen uns vertrauensvoll dem Beten an, mit dem das Wort selbst das Schweigen rühmt, aus dem es hervorquillt. Nur wer rühmt, versteht. „Schau auf das Ganze, rühme das Ganze!", sagt Augustinus. Das rühmende Verstehen aber wird zur Rückkehr ins Schweigen und der Kreis des großen Tanzes schließt sich.

Jedem Menschen, der sich auf das große Geheimnis einlässt – keineswegs nur Christen –, kann diese Art zu beten tiefe Erfüllung schenken.

Christen beten es zum Ruhm „des Vaters durch den Sohn im Heiligen Geist" und schließen mit „Amen", was so viel heißt wie „ich vertraue dem Urgrund aller Vertrauenswürdigkeit, dem großen Geheimnis".

David F. K. Steindl-Rast

# Erwachende Worte

# Hören

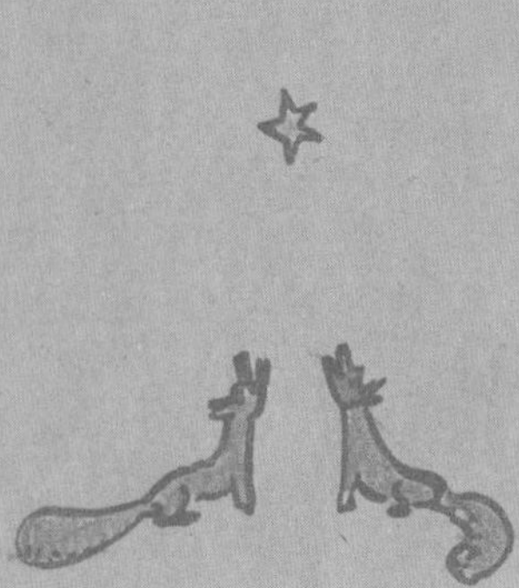

# 1

Hören, Du großes Geheimnis, ist Dein Geschenk. Dich hören zu können, ist Deine große Gabe an mich; auf Dich zu horchen ist meine große Aufgabe vor Dir. Öffne Du die Ohren meines Herzens. Mach mich ganz Ohr.

In den Singenden singst Du; in den Weinenden weinst Du; in den Schweigenden schweigst Du – mit beredtem Schweigen. Lass mich so still werden, dass auch Deine Stille deutlich zu mir redet. In Deinem Schweigen darf ich schweigend ruhen.

Lass mich so hellhörig werden, dass am Wendepunkt, an dem Deine Gegenwart mir entgegenwartet, mein Horchen zum Gehorchen wird und mein Hören zum Dir Angehören. Amen.

# Staunen

# 2

Staunen, Du staunenswürdiges Geheimnis, ist meine Grundhaltung vor Dir – ein Staunen, das nichts als gegeben hinnimmt und in allem letztlich Dich betrifft, Dich erkennt. Alles Gegebene hat ja in Dir seinen geheimnisvollen Grund.

Und das ist auch der Grund meiner Freude. „Staunen nur kann ich und staunend mich freu'n":[3] über die Bäume, die bläuliche Ferne, die Blumenwiese und alles, was mich selber betrifft. Alles ist ja Dein erstaunliches Geschenk.

Lass nicht zu, dass ich dieses Erstauntsein verlerne. Lass es immer tiefer werden, immer aufmerksamer, dieses freudige Staunen, Du meine staunenswerte Freude. Amen.

# Dasein

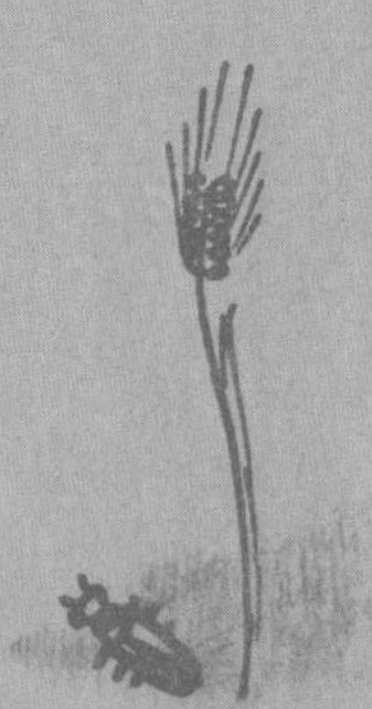

# 3

Dasein hab ich nicht aus eigener Kraft: Du, geheimnisvoller Grund meines Daseins, schenkst es mir – jetzt und jetzt und jetzt – immer neu, immer im Wandel, in Bewegung, auf dem Weg. Wohin? Auf Dich hin, Deiner Ruhe zu.

„Überzähliges Dasein entspringt mir im Herzen",[4] singt Rilke, und der Märtyrer hört in seinem Herzensgrund diesen sprudelnden Quell des Daseins murmeln: „Heim zum Vater!" So sehnt sich auch, was mich bewegt, heim zu Dir, heim in Deine Ruhe.

Zum freudigen Lied auf dem Heimweg soll mein Dasein werden. „Gesang ist Dasein",[5] weiß der Dichter. Mein Dasein soll Gesang werden, ein immer helleres, immer freudigeres Singen. Amen.

# Leiden

# 4

Leiden macht mir Angst, Du Quell der Seligkeit. Wo kommt es her? Doch nicht von Dir? „In's Leben schleicht das Leiden / Sich heimlich wie ein Dieb, / Wir alle müssen scheiden / Von allem, was uns lieb."[6] Soll ich dann *nicht* lieben, um nicht leiden zu müssen am Scheiden?

Nein, ich will lernen, so zu lieben, dass meine Liebe furchtlos das Scheiden vorausnimmt, mit-liebt und so das Leiden „aufhebt" – schultert, aber erlöst, hinaufgehoben zu Dir. „Du bist's, der, was wir bauen, / Mild über uns zerbricht, / Dass wir den Himmel schauen – / Darum so klag' ich nicht."[7]

Alles Schwere am Leid aus Liebe zu anderen mitzutragen, ist wohl jener Himmel. Ihn zeig mir. Amen.

# Gehorchen

# 5

Gehorchen will ich letztlich nur Dir, Du „sanftestes Gesetz, an dem wir reiften, da wir mit ihm rangen“.[8] Wie Jakob eine ganze Nacht lang rang mit Deiner dunklen Gegenwart, so rang und ringt die Menschheit in der Nacht der Zeit mit Dir schon von Anbeginn.

Mein Ringen ist mein Nicht-horchen-Wollen, obwohl ich Dich hören kann tief im Herzen. Siege Du über mich – in mir. Nicht nur horchen will ich dann, sondern so hingegeben horchen, dass mein Horchen zum Gehorchen wird – und zum Überschreiten: zum Überschreiten meiner eigenen begrenzten Einsichten und Absichten; zum Überschreiten aller Hindernisse durch gehorsames Tun; zum Überschreiten auch – im Vertrauen auf Dich – von allem, was ich mir selber je zugetraut hätte.

Als „sanftestes Gesetz“ lass mich Dich erkennen. In wahrhaft wachen Augenblicken ist mir ja klar, dass Du die Freiheit bist, nach der ich mich sehne. Amen.

# Wurzeln

# 6

Wurzeln kann ich nur in Dir allein, Du Urgrund allen Seins. Kein anderer Grund bietet mir Halt genug, wenn Stürme kommen und reißende Fluten. So will ich also meine Wurzeln bewusst ausstrecken nach Deiner Dunkelheit, nach Deinem Schweigen. Nur in dieser Tiefe verwurzelt, „Golden blüht der Baum der Gnaden / Aus der Erde kühlem Saft.“[9]

Je tiefer meine Wurzeln hinunterreichen in Deine Stille, desto höher können meine Äste und Zweige sich in „das polyphone Licht der lauten Himmel“[10] emporrecken, und ich selber werde „ein großer Gesang“.[11]

Du Wurzelgrund und Himmelstiefe, Du Singen in den Zweigen – „Ich in dir, du in mir, / lass mich ganz verschwinden, / dich nur sehn und finden.“[12] Amen.

# Rühmen

## 7

„Rühmen, das ist's!"[13] Ja, alles, was ist, rühmt das Sein durch sein Dasein. Einfach da zu sein ist Rühmung. Dasein ist ein Ja-Sagen zum Sein. Und dieses Ja fasst alles Rühmen in einem einzigen Wort zusammen.

Jedes Sein ist ein Ja – ein „aus dem Nein aller Verneinung gehobenes" Ja: Dasein ist Ja-Sein. Und dieses Ja-zum-Leben-Sagen heißt Rühmen.

Auch ich bin „ein zum Rühmen Bestellter".[14] Warum ist mein Ja zum Leben oft so zaghaft, so trüb, sogar oft widerwillig? Aus Furcht, Ja zu sagen zum Ganzen. „Schau auf das Ganze, rühme das Ganze!"[15] Das will ich mir zu Herzen nehmen – vertrauensvoll trotz allem. Amen.

# Klage

# 8

Klage und Rühmung gehören zusammen. „Nur im Raum der Rühmung darf die Klage gehn“[16] – in diesem geheiligten Raum aber hat sie ein Anrecht auf ihren Platz. Zum Ganzen, das Rühmung verdient, gehört ja auch „das alte Schlimme“,[17] und ihm gilt die Klage – ihm gelten die Tränen der Wehklage und der Anklage.

„Die Gabe der Tränen“,[18] Du großes Geheimnis, ist Dein Geschenk. Dir ist ja auch das Leiden nicht fremd. Nur gib, „dass er klar sei“,[19] der Regen meiner Tränen – nicht wehleidig, sondern mutig; nicht hoffnungslos, sondern zuversichtlich; nicht verbittert, sondern mild; nicht unversöhnlich, sondern friedfertig. Auch unter Tränen mach mich bereit für den Herzensfrieden, der Klage und Rühmung vereint. Amen.

# Doppel-bereich

# 9

Doppelbereich nennt Rilke die Einheit von Diesseits und Jenseits und sagt: „Engel (sagt man) wüssten oft nicht, ob sie unter Lebenden gehn oder Toten."[20] Nur wenn ich mich bewusst in diesem Doppelbereich von Vergänglichem und Bleibendem bewege, kann ich in allem Vergänglichen das Bleibende miterfahren und in allem Bleibenden Dich, Du Ursprung bleibenden Seins.

Erweitere Du die Reichweite meiner Sinne; öffne sie für das Übersinnliche im Sinnlichen. Lass mich „die Spiegelung im Teich"[21] als ein Ganzes sehen und dieses Bild niemals vergessen. Lass mich jetzt schon das vertrauliche Nahsein der uns Vorangegangenen erfahren. Und wenn meine Zeit kommt, heimzugehen, dann schenk mir einen sanften Übergang. Amen.

# Schweigen

# 10

Schweigen gibt mir Anteil an Dir, Du tiefste Stille. „Der stille Gott stillt alles; und wer sich in seine Stille versenkt, wird still.“[22] Schweigend darf ich mich in Deine Stille hinunterlassen. Dann stillst Du mich, wie eine Mutter ihr Kind stillt, bis es schweigend in ihrem Schoß ruht. Schenk mir, dass ich, ausgeruht durch mein Ruhen in Dir, wach daraus hervorgehen kann, ohne die Ruhe zu verlieren.

Lehre mich, durch Schweigen so bleibend in Deiner Stille gefestigt zu werden, dass auch mein Reden aus der Stille kommt. So, wie mein Stillsein Bild Deines Schweigens ist, so lass Deine Stille zu Wort kommen in meinem Reden und Tun. Amen.

# Weg

# 11

Weg und Ziel zeigst Du mir nicht nur an, Du großes Geheimnis im Herzen des Lebens, Du *bist* mir beides. Als Weg erfahre ich Dich am richtungweisenden Fließweg des Lebens, dem ich mich anvertrauen darf wie ein Schwimmer dem Strom. Als Ziel erkennt Dich die Strömung in meinem Inneren mit ihrem geheimnisvollen Sog, der mir zuraunt: „Heim zum Vater!“

Lass mich nicht erschlaffen beim Schwimmen, nicht schlapp dahintreiben wie Schwemmholz, sondern wendig werden wie ein Fisch. Mach mich achtsam für den leisesten Hinweis, den mir das Leben – den *Du* mir gibst. Und lass mich täglich fröhlicher werden, weil ich ja auf dem Heimweg bin zu Dir. Amen.

# Bezug

# 12

Bezug gibt mir Halt. Nichts sonst gibt mir Halt als meine vielfältigen Beziehungen zu anderen Menschen, zu Tieren, Pflanzen, Dingen und zur Kultur, in die ich hineingeboren wurde, mit ihrer Geschichte, ihrer Betrachtungsweise und ihren Werten. Letztlich aber hat jede Beziehung nur in Bezug auf Dich Haltekraft, Du Urgrund, in dem alles wurzelt.

Alles schwindet, Bezug bleibt. Auch das Vergangene und das noch nicht Vorhandene haben Bezug zum Bleibenden. Und dieser Bezug ist nicht nur gedacht. Er ist wirklicher als alles, was kommt und vergeht – wie ich selbst. Nur weil wir auf Dich bezogen sind, haben wir Bestand. Dessen will ich mir bewusst bleiben in jeder meiner Beziehungen. Amen.

# Worte

# 13

Worte, die aus der Stille kommen, reden – von was immer sie auch sonst noch reden mögen – von Dir, Du großes Geheimnis. Sie weisen auf Unaussprechliches hin. Sie offenbaren ein flüchtiges Glänzen von einem Ganzen, das dunkel im Schweigen ruht. Mach mich hellhörig für das Unsägliche, das in allem Ausgesagten mitschwingt – für den unfasslichen Überfluss.

Zugleich aber möchte ich auch auf die Fasslichkeit achten, die Worte uns zeigen, indem sie Fließendes einfassen, bevor es wieder überfließt. Dankbar für alles in ihren Schalen erfasste, will ich Worte achtsam hören und sorgfältig nutzen – achtsam, gewissenhaft und dankbar für diesen Schatz, unseren Wortschatz. Danach nimm mich wieder auf in Deiner Stille. Amen.

# Frucht

# 14

Frucht ist mir schon seit langem ein wichtiges Wort. In seiner einen Silbe ballt es die Kraft, die schon in Frühling und Sommer anklingt, mit gesteigerter Wucht zusammen. Frucht weist auf Fülle und Erfüllung hin – als Gabe und als Aufgabe. Als Gabe schenkst Du mir diese Verkörperung vollkommener Reife, sooft ich eine plumpe Frucht in Händen halten und ihren süßen Saft verkosten darf. Aber auch als Hinweis auf meine eigene Aufgabe werden mir Früchte zum Bild eigenen Reifens und Fruchtbringens.

Lass mich jede Frucht bewusst und dankbar wie aus Deinen Händen empfangen, als reines Geschenk dieses Jahres. Und schenk mir Zeit und Gelassenheit, Frucht zu bringen für andere und in Herzensfrieden auszureifen, Dir entgegen. Amen.

# Heimat

# 15

Heimat bist letztlich nur Du mir, denn nur im großen Geheimnis sind wir wirklich daheim. Wir sind daheim in Dir wie Kinder in der Blumenwiese am Hang hinterm Haus; wie junge Schwalben im Nest; wie Fische im Teich. Und dennoch sehnen wir uns nach Dir wie Kindersoldaten, die, ihre Gewehre umklammernd, heimlich weinend einschlafen und von daheim träumen. Du bist für uns, was Heimat für Flüchtlingskinder ist, die in der Fremde aufwachsen und nach und nach vergessen, was gemeint ist mit diesem Wort.

Lass mich nicht vergessen, was es bedeutet, in Dir Heimat zu haben. Von Dir komme ich ja und zu Dir bin ich auf dem Weg. Lass mich niemals vergessen, dass mein Lebensweg Heimweg ist, dass alles Weh im Grunde Heimweh ist. Und wenn Du mich abberufst, lass mich freudig gehen, denn ich geh ja nach Hause. Amen.

# Stückwerk

# 16

Stückwerk muss alles bleiben, was mein Verstand durch Nachdenken über Dich erfassen kann, Du unfassliches Geheimnis. Stückwerk bleibt auch, was selbst meine tiefsten Gefühle von Dir erahnen. Und alles, was mein Streben auf Dich hin erreichen kann, muss – selbst hinzugezählt zur Sehnsucht aller Menschenherzen seit Urzeiten – Stückwerk bleiben. Blumensträußchen sind es, vom Kind für die Mutter gepflückt am Wiesenrand.

Dieses Bild von Kind und Mutter jedoch stellt plötzlich alles in ein anderes Licht. Nichts, was das Kind aus Liebe tut, scheint seiner Mutter unzulänglich. Und bist Du nicht Quell und Urbild aller Mütterlichkeit? Flickwerk und Stückwerk bleibt, was wir denken und fühlen und tun. In Deinen Augen aber ist es groß. Im Aufschauen zu Dir ahne ich mein Bild im Dunkel Deiner Pupille, ich Stümper, Dein Augenstern. Amen.

# Frauen

# 17

Frauen waren mir mein Leben lang Bilder Deiner Liebe. Meine Mutter vor allem. Ihr fragloses Verfügbarsein, wann immer wir Kinder sie brauchten; ihre Einsatzbereitschaft, uns zu beschützen – „Löwenmutter" nannten wir sie; ihre Hilfsbereitschaft für alle unsere Freunde. Sie hat uns gezeigt, dass Liebe immer weitere Kreise zieht und alle Unterschiede überbrückt mit ihrem „Ja!"

Und meine Großmutter – abgemüht für Notleidende, abgerackert und doch begeistert fürs Leben. Oder die Volksschullehrerin, die schon unsere Eltern als kleine Rotznasen mit derselben Geduld unterrichtet hatte. Die Kinderärztin, in deren Gegenwart selbst Fieberträume verflogen. Und im späteren Leben die vielen selbstlos hilfsbereiten Frauen, deren Freundschaft mir geschenkt wurde ... Ich danke Dir, dass ich durch sie Deine Liebe kennenlernen durfte – im Bild „Unserer Lieben Frau". Amen.

# Leidenschaft

# 18

Leidenschaft schafft Leiden, heißt es. Aber schafft sie nicht auch Freude, Verzückung und höchste Lust? Stammt sie von Dir? Gewiss in ihrer reinsten Form. Oft aber machen Schlacken anderer, nur schwelender Feuer ihren reißenden Feuerstrom unrein. Läutere Du ihn durch die Glut Deines Heiligen Geistes. Dann kann reine Leidenschaft zur begeisterten Hingabe werden, kann mich zu tatkräftigem Einsatz befeuern für alles Hohe und Heilige, kann mich einfallsreich machen und schöpferisch.

Leidenschaft macht blind, heißt es auch. Ja, jedoch nur die unreife Leidenschaft, der ungeduldige Eifer, der Überschwang fieberschwüler Schwärmerei, der Rausch ruderloser Laune. Die Leidenschaft, die von Dir kommt, öffnet mir vielmehr die Augen, lässt mich immer klarer mein innerstes Herzensbegehren entdecken. Sie ist die „nüchterne Trunkenheit“ der Jünger am Pfingstmorgen. Um diese Leidenschaft bitte ich Dich. Amen.

# Wolken-
# gestalten

# 19

Wolkengestalten in ihren pausenlosen Verwandlungen erstaunen und begeistern mich, schon seit ich mit Kinderaugen ihrem Dahinziehen in die Ferne folgte. Und seither hat jeder Tag – so viele Jahre und Jahrzehnte lang – neue Wunder an Wolkengestalten vor mir aufgetürmt und an mir vorüberziehen lassen. Alles, was ich an Wandel der Welt erleben durfte in meinem langen Leben – und es war viel –, fand im Wandel der Wolken sein Widerspiel. Das Stürmen der Zeit und Stürme im Luftraum: Stimme und Gegenstimme im Kontrapunkt der einen großen polyphonen Musik und darüber gewölbt Deine Stille als ungetrübtes Blau des Himmels.

Ich will lernen, mich dem Wandel nicht zu widersetzen. In meinem Leben kann ich ihn so wenig aufhalten wie am Wolkenhimmel. Lass mich Schritthalten lernen – Tanzschritt. Amen.

# Erinnern

# 20

Erinnern bedeutet mir so viel mehr als mir etwas zu merken. Nicht meinem Gedächtnis prägt das Erinnern ja Erlebnisse ein, sondern meinem Innersten, meinem Herzen. Mein Herz aber ist jene Mitte, in der ich vor Dir stehe, jener Ort der Begegnung, an dem Du mir gegenwärtig bist.

Von dem vielen, das mir zufließt, fließt das meiste, kaum bemerkt, wieder ab von mir. Nur weniges erlebe ich wirklich – das nämlich, was ich Dir erzähle. Im Erzählen bringe ich es in Dein Licht, halte es Dir hin, und es wird zur Erinnerung. Nicht im Gehirn ist Erinnertes aufbewahrt, sondern in Dir; weil ich Dir nicht gleichgültig bin, hältst Du es fürsorglich behütet. Auch wenn mir einmal alles aus dem Gedächtnis entschwindet, lass es in Deiner verzeihenden Liebe aufgehoben sein. Amen.

# Lehrer

# 21

Lehrer bist letztlich nur Du mir, als unergründliches Du, in dem ich zugleich lebe und webe und bin, wie ein Wassertropfen im Weltmeer. Ich bin ganz im Leben und das Leben ist in mir, und doch kann ich hinhorchen aufs Leben, kann hören, was es von mir will – was Du von mir willst –, und kann liebend gehorchen. So lehrst Du mich Augenblick für Augenblick Deine Wege, besonders durch Wort und Vorbild derer, die ich Lehrer nennen durfte.

Ich danke Dir für meine vielen Lehrer – Menschen und Tiere. Vergilt ihnen vielfach das Gute, das sie mir getan haben, und verzeih mir allen Widerstand gegen das Lernen und alles Leid, das ich ihnen bereitet habe. Amen.

# Buch

## 22

Buch um Buch hast Du mir zum Geschenk gemacht mein Leben lang – wie viele schon! Mein erstes Bilderbuch aus Stoff, das Lesebuch in der Volksschule, die Abenteuerbücher, die wir in den Sommerferien hoch im Grün des alten Nussbaums schaukelnd verschlangen. Der schwere Foliant über den Ursprung der Gottesidee, auf den meine Tränen tropften; Gedichtbände, versteckt im Kasernenspind; die kostbaren Folianten im Leseraum der Pierpont Morgan Library; das Antiphonar[23] im Chorgestühl. Jedes dieser Bücher mit ganz eigenem Geruch, Gewicht und Papier … Und über sie alle hinaus: die Heilige Schrift, in der Generation um Generation uns Spuren von ihrem Ringen mit Dir hinterlassen hat. Vor Dir beuge ich mich, wenn ich mich über ein Buch neige. Amen.

# Himmels-
# stille

# 23

Himmelsstille in unerschöpflicher Vielfalt von Formen – wie bedeutsam sind sie mir geworden, diese Geschenke, wie kostbar. Die Stille des Winterhimmels, der dunkel erscheint hinter weiß wirbelnden Flocken, die sich, wenn ich niederblicke, dunkel abheben von der Schneedecke, auf die sie sich lautlos niederlassen. Oder das hochsommerlich verträumte Blau, mittagsstill gewölbt über einer Wiese, die „schäumt von Blüten".[24] Beinahe bestürzend die feierliche Himmelsstille einer sternklaren Wüstennacht. Unvergleichliche Nächte und doch immer wieder die eine Himmelsstille – Bild Deiner Stille. Schon ein einziger Sommermittagshimmel im Leben, ein einziger Nachthimmel sollte mir übergenug sein als Bild der Himmelsstille, die mich aufnimmt, wenn ich mich in Dich versenke, Du Abgrund und Überschwang innerster Stille. Amen.

# Boten

# 24

Boten Deines Entgegenkommens werden alle Dinge, denen ich auf den Grund gehe. Im Abendwind kommt mir ein Bote von Dir auf dem Feldweg entgegen. Der Duft der frisch geteerten Straße bringt eine Botschaft von Dir – unvergesslich und unersetzlich durch irgendeine andere. Der Augentrost im moosigen Wiesengrund ist Dein kleiner Bote und der Pfeiler der Hängebrücke Dein riesengroßer. Auch das Geheul des Rettungswagens und der Verkehrslärm, den es noch übertönt, sind Botenstimmen. Öffne Du mir Ohren und Herz für ihre wortlose Botschaft.

„In ihrem Wesensgrund sind alle Dinge verlässlich, sie selbst“[25] – Boten Deiner Verlässlichkeit. Darauf darf ich mich verlassen. Dann mach auch mich zum Boten – nicht durch viele Worte, sondern durch Lebensvertrauen, das mich vertrauenswürdig macht für andere. Amen.

# Tor

# 25

Tor zu Dir kann alles werden, auf das ich vertrauensvoll schaue. Vertrauen macht es zum Tor – Vertrauen und Geduld. Keine Verschlossenheit kann geduldigem Vertrauen auf die Dauer widerstehen. Und alles, was ich erlebe, will sich öffnen für Weiteres, Neues. Es erweist sich als Tor zu unverhofft mehr, zu dem es mich einlassen will, wenn ich wage, mich darauf einzulassen.

Eine Taube lässt sich nieder auf dem Ast der Föhre. Unter ihr schwingt der Ast nieder und wieder zurück; dann noch einmal, aber weniger weit, und immer weniger, bis er zum Stillstand kommt. Mein Schauen wird zum Tor in Deine Stille.

Ich will vertrauen lernen, dass selbst, was mir als abweisendste Wand erscheint, mein Tod, nur Vorwand ist für ein Tor zu Dir. Amen.

# Ordnung

# 26

Ordnung ist untrennbar mit Liebe verbunden. „Ordo amoris“,[26] sagt Augustinus. Nicht die starre Ordnung von Einordnungen, nicht die kalte Ordnung von Verordnungen und Anordnungen, sondern Deine lebendige Ordnung des kosmischen Tanzes, das allumfassende rhythmische Wogen des Lebens in all seinen Formen. Mir ist sie völlig unvorstellbar, die Ordnung des Zusammenspiels schon allein der 86 Milliarden Nervenzellen in meinem Gehirn,[27] die es mir ermöglichen, darüber nachzudenken – darüber zu staunen.

Und jedes kleinste Teilchen sagt ein liebendes Ja zum Ganzen, einfach durch sein Verbundensein. Mir aber – ein erschreckender Gedanke –, mir steht es frei, dieses Ja halbherzig, widerwillig oder gar nicht zu geben. Mich abzusondern von der herrlichen Ordnung des großen Tanzes. Davor bewahre Du mich. Amen.

# Atmen

# 27

Atmen, ein „unsichtbares Gedicht"?[28] Ja, und mehr noch: unerschöpfliches Geheimnis, Lebensatem in mir. Atme ich oder atmet das Leben in mir? Auch wenn ich schlafe, atmet es weiter. Vom ersten Atemzug an war kein Augenblick in meinem Leben, in dem es nicht atmete in mir – ganz von selbst, ohne mein Zutun, meist unbeachtet. Ein und aus, ein und aus. Ein – Pause – aus; und in dieser Pause bin ich mit allen Lebewesen verbunden, wir atmen ja ein- und dieselbe Lebensluft.

Lass mich lernen, immer bewusster zu atmen, immer bewusster den Übergang zu fühlen von Weiträumigkeit zu Dichte zu Weiträumigkeit – und die Pause dazwischen. Dich, Du Leben allen Lebens, soll Dein Atmen in mir preisen mit jedem Atemzug. Amen.

# Augen

# 28

Augen – was für ein staunenswertes Ergebnis der Evolution! Welch erschütterndes Ereignis ist ihre einmalige Entstehung, wie verblüffend ihre mehrmalige! Die Vielfalt von Augen in der Natur: welch Zeugnis unerschöpflicher Kreativität!

Was für ein einzigartiges Geschenk ist mein eigenes Augenlicht. Alle paar Sekunden erblindet ein Mensch irgendwo, meist in armutsgeprägten Ländern, an Augenkrankheiten, die durch einfache Mittel vermeidbar oder heilbar wären. Neun von zehn Menschen, die blind sind, müssten es nicht sein. Beim Augenaufschlagen am Morgen schon will ich daran denken. Unermüdlich will ich Elend bekämpfen.

Wie könnte ich sonst anderen überhaupt noch in die Augen schauen? Wie könnte ich Augenblick für Augenblick Auge in Auge mit Dir stehen? „Denn bei Dir ist die Quelle des Lebens, in Deinem Licht schauen wir das Licht.“[29] Amen

# Spiegel

# 29

Spiegel waren mir als Kind schon geheimnisvoll. Die Spiegel, in die ich beim Haarschneiden starrte. Einander spiegelnd wurden sie zu Toren in eine verzauberte Welt, in der es mich hundertmal gab – kleiner und kleiner in jedem der immer weiter entfernten Räume vor mir und hinter mir. Oder in der Schule die Spiegelschrift im Taschenspiegel. Und auch draußen im Freien der Spiegel des Staubeckens hinter der Sägemühle, in dem ich mich dunkel zwischen weißen Wolken fliegen sah.

In Spiegeln konnte die ganz alltägliche Welt sich verdoppeln, konnte plötzlich mehr werden, als sie war. Spiegel wurden zu Zeugen dafür, dass überall „mehr dahintersteckt“. Dieser keineswegs nur vorgespiegelten Wahrheit lass mich nachspüren – auf allen Ebenen. Amen.

# Tier

# 30

Tier und wir – wo liegt die scharfe Grenze? Ich kann nur Übergänge vermuten und unsere Verbundenheit fühlen, wenn ich in Tieraugen schaue – in Kuhaugen unter ihren langen Wimpern, in die erwartungsvollen Augen der Pferde, in die kleinen, unendlich traurigen Augen von Elefanten, auf denen Touristen schaukelnd reiten. Tierblicken steht nichts im Weg; ungebrochen kommen sie an. Menschenblicke laufen an Spiegeln vorbei, die immer etwas zurücknehmen. Kinder kennen noch dieses unverstellte Schauen, sind noch heil im Geheimnis. Wann habe ich dieses tierische Heilsein verloren? Was hab ich eingetauscht dafür? Bewusstsein des Todes; das sicher. Und Bewusstsein Deiner Gegenwart; anders von nun an: als wartendes Gegenüber. Lass mich das Tier in mir ganz mit hineinnehmen ins Auge-in-Auge-Stehen vor Dir. Amen.

# Entschluss

# 31

Entschluss – wo kommt er her? Das Leben schenkt ihn mir. Ich kann mich nur bereitmachen. *Be*schließen kann ich irgendetwas – willkürlich. Aber mich *ent*schließen ist etwas anderes, etwas, das sich mit mir ereignet, wenn ich mich ihm willig – bereitwillig – füge. Beschließen können andere etwas für mich; entscheiden kann ich mich nur selbst. Ein Entschluss steigt als geballtes Drängen aus meinen tiefsten Wurzeln auf, heraufgezogen vom Sonnenlicht Deiner Gegenwart, in deren Wärme es sich „nach und nach erschließt" wie „der Anemone Wiesenmorgen".[30]

Letztlich bist ja Du mir gegenwärtig in den gegebenen Umständen, die zum Entschluss führen. Du schenkst sie mir. Du wartest mir entgegen im Augenblick der Entscheidung, erwartest von mir die Überwindung der Scheidung zwischen Deinem Willen und meinem. „Dein Wille soll geschehen."[31] Amen.

# Duft

# 32

Duft – unfassbarste aller Formen von Gegenwart, einer Gegenwart, die uns doch unausweichlich angeht. Im Rauch herbstlicher Feuer weht er von Feldern herüber und stimmt mich schwermütig. Unter der Jasminlaube berauscht er mich. An blühenden Ligusterhecken und unter dem Lindenbaum am Juniabend weckt er Heimweh in mir. Bitter steigt er von den Chrysanthemen auf und mir wird bang. Mit Kinderfreude aber erfüllt er mich noch heute, wenn Leintücher an der Sonne bleichen oder beim Bleistiftspitzen. Und immer noch lässt mich der Duft des Lavendelkissens sorglos einschlafen.

So flüchtig ist auch Deine Gegenwart in all ihren Formen, Du großes Geheimnis, und unnachgiebiger, als duftschwere Lüfte es sind in ihrem Anspruch an mich. Mach mein Herz bereit. Amen.

# Tod

# 33

Tod und Leben gehören untrennbar zusammen. So heißt es, ich weiß. Aber ich würde es lieber klarer ausdrücken und sagen: Leben und *Sterben* gehören zusammen; der Tod aber widerspricht beiden. Mit dem Sterben bin ich vertraut. Ich muss ja alles, was mir das Leben schenkt, wieder loslassen, bevor ich Neues empfangen kann. Dieses Loslassen aber ist das Entscheidende am Sterben. Starres Festhalten ist Tod – *rigor mortis*.[32]

Ich will dabei das Loslassen nicht beschönigen, nicht verharmlosen. Allzu oft ist es bedrohlich und beängstigend, entsagen zu müssen. Das Leben schenkt uns viel, nimmt uns aber auch erschreckend viel Liebes und bedrohlich vieles, das uns unersetzlich nötig erscheint.

Lass mich täglich zarter loslassen und unbefangener sterben lernen und rette mich vor dem Tod. Amen.

# Gärten

# 34

Gärten meiner Kindheit – wie paradiesisch blühen sie in meiner Erinnerung. Immer noch staune ich über die hohen, schlanken Tulpen entlang der weißen Kieswege beim Springbrunnen und freue mich an den bunten Zinnien, dicht bei Dahlien und Malven, im Bauerngarten. Im vom Kreuzgang umgebenen Paradies der Klöster schien der Rosenhag, in dem musizierende Engel Maria und das Kind umgeben, Wirklichkeit geworden zu sein.

In den kriegsüberschatteten Jahren der Jugend stand das Bild vom Schnitter Tod uns stets vor Augen – „Werd ich nur verletzet, / So werd ich versetzet / In den himmlischen Garten, / Auf den alle wir warten. / Freu dich du schöns Blümelein.“[33] Er hat mich damals nicht verletzt, jetzt aber muss er bald „drein schneiden“. Versetze Du mich dann in den himmlischen Garten. Amen.

# Folter

# 35

Folter wird heute noch ebenso widerlich angewandt wie die Jahrhunderte hindurch. Wie könnte ich den verkrüppelten Finger meiner Tante Alice vergessen, über den sie nicht reden wollte. Auch nachdem die Schreckenszeit vorbei war, wurde von den Folterungen auf der „Liesl" – dem Gestapo-Gefängnis auf der Elisabethpromenade in Wien – nur geflüstert und bald verband sich mit dem schönen Straßennamen nur noch die Vorstellung von „Sisi", der Kaiserin.[34]

Jetzt, im 21. Jahrhundert, gehen Touristen witzemachend durch die mittelalterliche Folterkammer auf der Festung Hohensalzburg; von Guantánamo kennen sie nicht einmal den Namen. Für Ignoranz sind wir verantwortlich. Wo aber beginnt meine Verantwortung als informierter Staatsbürger?

Wenn unsere Regierung gegen internationales Menschenrechtsgesetz verstößt, lehre mich tatkräftige Empörung und unnachgiebiges Aufbegehren. Amen.

# Zögern

# 36

Zögern ist nicht gleichbedeutend mit Zaudern. Was mich zaudern lässt, ist meine Zaghaftigkeit. Zögern aber zügelt nur meine allzu ungestüme Entschlossenheit. Die beiden zu unterscheiden kann folgenschwer werden.

Wie viele Missverständnisse hätte ich mir und anderen ersparen können durch ein kurzes Zögern, bevor ich Antwort gebe. Aber ein noch weit schwerwiegenderer Grund für besonnenes Zögern beim Umgang mit anderen ist Ehrfurcht. Wie schön ist das Zögern heiliger Scheu vor ehrfurchtgebietender Gegenwart! Und stehe ich nicht bei jeder Begegnung vor einer Würde, die Ehrfurcht verlangt – letztlich vor Dir, mein großes Du?

Lass mich dessen stets bewusst bleiben. Bewahre mich vor dem feigen Zagen des Zauderns und halte meine Eilfertigkeit in Zaum und Zügel durch weises Zögern. Amen.

# Licht

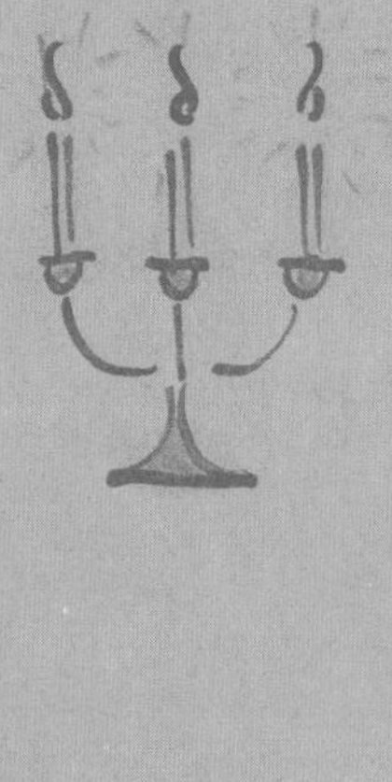

# 37

Licht hat Macht. Etwa das Nachtlicht im Kinderzimmer: wie verlässlich es doch alle Bedrohungen, die im Finstern lauerten, vertreiben konnte; welche Macht es hatte, von Angst zu befreien. Ich muss staunen, wie mächtig das Licht immer noch meine Stimmungen bestimmen kann. Wie das Morgenlicht alle Verträumtheit in klares Wachsein verwandelt. Wie das Abendlicht mich milde stimmt und bereit zu verzeihen. Welches Heimweh das frühe Straßenlicht und die ersten Lichter in den Fenstern der Häuser an einem Winterabend in mir wecken können.

Und wie mächtig dieses äußere Licht auch das innere beeinflusst – das sanfte Licht der Dichtung, das helle der Musik und selbst das unsichtbare und doch mächtigste Licht Deiner Gegenwart. Gib diesem entscheidenden Licht die Übermacht bei meinem letzten Augenschließen. Amen.

# Kind

# 38

Kind sein – was bedeutet das eigentlich? Unsere Vorstellung vom Kindsein auf die ersten Lebensjahre zu beschränken, wäre wohl äußerst oberflächlich. Mit Recht heißt es ja: Die Kindheit ist zu kurz, um unser Kindsein voll zu entfalten. Vielleicht reicht dazu unsere ganze Lebensspanne kaum aus. Es geht ja darum, sich die Lebenshaltung von an Leib und Geist gesunden Kindern immer wieder neu zu eigen zu machen – die spontane Lebensfreude der Kinder, ihre Wissbegierde und Entdeckerfreude, vor allem aber ihr Lebensvertrauen.

Lass mich die Kinder nicht vergessen, denen es nie geschenkt war, dies zu erleben – Kinder im äußersten Elend, Kinder aus zerrütteten Familien, Kriegskinder, Flüchtlingskinder, verschleppte und missbrauchte Kinder ...

Lehre mich, trotz allem, dem Leben zu vertrauen – Dir zu vertrauen, Leben meines Lebens. Amen.

# Herz

# 39

„Herz, o sage: Was webst du für Erinnerung?", fragt Mörike.[35] Und auch für mich ist das Herz jenes Innerste, wo das im Gedächtnis Behaltene erst zur Erinnerung wird – wo also die Erfahrungen, die ich mache, erst zu einer Geschichte werden, zu meiner Lebensgeschichte. Das bedeutet aber zweierlei: einmal, dass in meinem Herzen zusammengefasst ist, was das Leben aus mir gemacht hat, aber auch, dass ich nach einem anderen Herzen suche, dem ich mein Herz ausschütten kann; eine Geschichte will ja jemandem erzählt werden.

Nun zeigt sich aber, dass kein anderes Menschenherz – so sehr ich mich darum bemühe – zur Gänze fassen kann, was mich zutiefst bewegt. Und so verweist mein Herz auf Dich, Herz des großen Geheimnisses, denn um Dich dreht sich ja mein Leben. Lass mich also Augenblick für Augenblick nicht nur Auge in Auge vor Dir stehen, sondern Dir mein Leben von Herz zu Herz erzählen. Amen.

# Schicksal

# 40

Schicksal – wer schickt es? Bist Du es? Steckst *Du* dahinter, wenn „das Schicksal es gut meint“ mit mir? Sollte es dann auch Deine Faust sein, die mir „Schicksalsschläge“ erteilt? „Das Schicksal nimmt seinen Lauf“, heißt es. Und manchmal erscheint es mir wahr zu sein, dass wir „vom Schicksal zu etwas bestimmt werden“, dass niemand „seinem Schicksal entfliehen“ kann, dass „man sein Schicksal nicht herausfordern soll“.

Aber sind wir nicht doch zugleich auch „unseres Schicksals Schmiede“? Gilt es nicht, „sein Schicksal in die eigene Hand zu nehmen“, „sein Schicksal zu meistern“? Vielleicht ist es so: Du sprichst mir mein Geschick zu, aber nicht als ein festgelegtes „Fatum“.[36] Was Du mir schickst, Augenblick für Augenblick, ist mein Geschick, und was ich daraus mache, ist mein Schicksal. Ja, das muss es sein. Das lehre mich zu meistern. Amen.

# Altern

# 41

Altern war mein Schicksal, jetzt ist es Aufgabe – ein gesegnetes Schicksal und eine nicht ganz leichte Aufgabe. Unter den Gaben des Altwerdens bin ich vor allem für meine Gesundheit dankbar – ein unermessliches Geschenk. Dann für die unzähligen Begegnungen in all diesen Jahren – die erinnerten und die vergessenen; sie alle haben mich geformt. Und wenn ich an die Erlebnisse denke, zu denen diese vielen Jahre mir Zeit schenkten, dann bin ich überwältigt von Dankbarkeit.

Jetzt gilt es, die Erinnerungen zu sichten. Schenke ihnen, ich bitte Dich, noch sonnige Herbsttage, in denen sie zur vollen Süße ausreifen können.[37] Lass mich alles, was mich drückt, vertrauensvoll Deiner Vergebung übergeben, alles Schöne noch einmal lange und dankbar betrachten und dann loslassen. Von allem Beschwerlichen des Alterns lass mich die Augen aufheben zum „Morgenglanz der Ewigkeit“.[38] Amen.

# Quelle

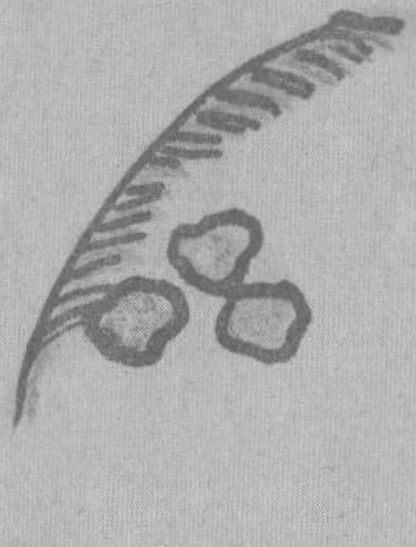

# 42

Quelle allen Seins – jede Quelle, jede Art von Quelle wird mir zu Deinem Bild, Du unauslotbarer, unerschöpflicher Quellgrund. Die aus einer hölzernen Rinne sprudelnde Quelle im Wiesengrund, an der sich das Kind, das ich war, nicht sattsehen konnte; die Heilquellen, in denen 2000 Jahre vor uns schon die Römer gebadet hatten; die unvergessliche heiße Quelle mitten im Schnee von New Mexico.

Auch Quellen im übertragenen Sinn – die Nachschlagewerke für Quellennachweise in Bibliotheken meiner Studienzeit und die heute so leicht zugänglichen Informationsquellen im Internet; wie viel Wissen wurde da angesammelt, wie viel Mühe hat das gekostet für Menschen, denen ich niemals persönlich begegnen werde. Ich kann mich nur dadurch als dankbar erweisen, dass ich selber überquellen lasse, was Du mir schenkst für alle, die danach dürsten. Das will ich tun. Amen.

# Tröstung

# 43

Tröstung – schon das Wort klingt samten. Es klingt auch wärmer und einer persönlichen Lösung näher als einfach „Trost“. Was aber zuerst in meiner Vorstellung wach wird, wenn ich das Wort „Tröstung“ höre, hängt zusammen mit Erinnerungen aus meiner Kindheit: der Hals meiner Mutter, an den ich mich schluchzend schmiege; eine Frauenstimme, die Fieberträume vertreibt; sanft kühlende Hände auf meiner heißen Stirn. Auch Dinge – der lichtgraue Pullover aus Kaschmir mit seiner Geschichte – und Tiere, allen voran die Katze, auf deren Fell meine Tränen fielen. Deine Tröstung war es, die mir durch sie alle zufloss.

Wie nur kann ich sie weiterschenken? Wer kann die Eisbären trösten, die im Schmelzwasser waten? Wer die in Pappschachteln verpackten Kinder? Da will ich ungetröstet bleiben. Doch Dir darf ich sie anvertrauen. Amen.

# Bewegung

## 44

Bewegung in zahllosen Formen, das ist doch eigentlich, was wir das Leben nennen. Vom Kreisen der Galaxien, Sonnen und Planeten zum Kreisen der Falken, ihrem Hinabsausen und dem Zappeln der Maus; vom plötzlichen Aufblühen der Feuerwerksraketen zum sachten Entfalten der Wiesenblumen; vom Flug des Pfeiles zum Fallen plumper Pflaumen. Bewegungen von Fliehen und Erhaschen, von Mühe und Entspannung, Einschlafen und Erwachen.

Aber auch die Bewegung aufsteigender Dankbarkeit, sprießenden Verliebtseins, stiller Verinnerlichung. Verinnerlichung hinein in eine Stille, die nicht Stillstand bedeutet, sondern bis zum scheinbaren Stillstand geballte Bewegung – wie der Flügelschlag des Kolibris. Aus dieser Mitte lass jede meiner Bewegungen kommen; dann wird jede letztlich ein Empfangen und Weiterschenken werden, ein Geben und Nehmen zwischen Dir und mir. Amen.

# Geld

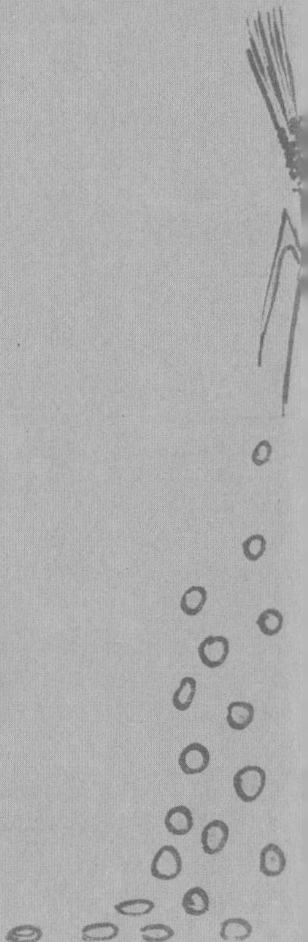

# 45

Geld war doch eigentlich mein Leben lang ein sonderbares Thema zwischen Dir und mir, und das Sonderbare daran war, dass Geld kaum zum Thema wurde. Das einzige Mal, als ich mir Sorgen machte, schlug ich die Bibel auf – auch das höchst sonderbar für mich – und bekam die Antwort: „Gott, der Samen gibt für die Aussaat und Brot zur Nahrung, wird auch euch das Saatgut geben ...“[39] Stur fragte ich gleich nochmals nach und bekam die Stelle: Frauen „unterstützten sie mit ihrem Vermögen.“[40] Das hat sich dann im wörtlichen Sinn verwirklicht.

Überwältigt von Staunen denke ich daran, staune auch darüber, dass ich wirklich keine Ahnung habe, woher immer genug kam für alles Notwendige. Und dann denke ich an die zahllosen Armen, die kaum zu etwas anderem Zeit finden, als sich um Geld abzumühen, und die sich immer noch Sorgen machen müssen für ihre Kinder und ihre Kranken. Lass sie mich nur ja niemals vergessen, niemals vernachlässigen. Amen.

# Sprache!

# 46

Sprache ist vielleicht Dein entscheidendstes Geschenk in meinem Leben. Durch Sprache habe ich alles erlebt, was Du mir geschenkt hast. Sie ist nicht wegzudenken von dem, was aus mir geworden ist. Von Anfang an war alles stets Geschenk – die Leichtigkeit, mit der ich mir Reime merken konnte; die Freude an seltsamen Namen wie Rumpelstilzchen, Knabberetzchen, Kniesebein; das Entzücken, wenn's in Goethes „Hochzeitslied" heißt: „Da pispert's und knistert's und flistert's und schwirrt". Der überwältigende Augenblick, als Ornella, meine Spielgefährtin am Strand von Grado, von ihrem kleinen Bruder sagte: „Lui dorme" – und ich verstand![41] Andere Fremdsprachen – jede eine neuentdeckte Welt. Rilkes „Stundenbuch" und nach und nach die ganze Kathedrale seines Werkes. Mein eigenes Worteschmieden beim Schreiben. Worte beim Beten. Der Abgrund Deines Schweigens als Quellgrund des Wortes. Verstehen durch Gehorsam. Schließlich das allumfassende Wort „Amen" ...

# Irrtum

# 47

Irrtum – wo kommt er her? Ich beobachte die Ameise, die versucht, mit ihrer Last ein Hindernis zu überwinden. Immer wieder stößt sich der Grashalm, den sie schleppt, an einem Kieselstein; immer wieder versucht sie's, bis Versuch und Irrtum doch endlich zum Erfolg führen. In diesem Sinn gehört Irrtum wohl zum Lernprozess – auf allen Ebenen. Auf der Ebene unserer Meinungen aber können wir so leicht im Irrtum stecken bleiben, sie mit dem Endziel des Lernprozesses verwechseln – als ob wir je auslernen könnten.

Wie oft hat sich doch als Irrtum erwiesen, was ich von Dir zu wissen meinte. Zuerst warst Du nur der Andere, bis ich erfahren durfte, dass Du mir innerlicher bist als mein Innerstes und doch mein Gegenüber bleibst. Bewahre mich davor, je aufzuhören zu fragen und zu suchen, „Du unendliche Spur“.[42] Amen.

# Balkone

# 48

Balkone waren mir zeitlebens Freude und begeisternde Geschenke von Dir. Unser Balkon zu Hause, auf dem wir Kinder bei Gewittern im Trockenen sitzen und die Blitze überm Schneeberg zählen konnten. Und von unten gesehen – Balkone von Bauernhäusern in ihrem Blumenschmuck, von Stadthäusern im Schwung ihrer Balustraden, wie sie ein Haus stets auszeichnen. Und erst der Blick von oben! Unvergesslich der Ausblick auf den Vierwaldstättersee vom Balkon auf der Frohmatte; auf das Blau des Mittelmeeres von Balkonen auf Capri und von jenem in Positano hoch über der Amalfiküste.

„Erhebend" ist das rechte Wort für mein Gefühl, wenn ich von so hoch oben hinunterschauen kann auf Land oder Stadt. Es muss gar kein Balkon sein. Die Dachterrasse in Bangkok war auch ein solcher Ort. Aber da schaute ich auch auf Khlong Toei hinunter, das Elendsviertel. Was ich bei meinem Besuch dort sah, wiegt schwer als Gegengewicht gegen alle falsche Erhebung: mit welcher Würde die Frau ihre wenigen Quadratmeter eines „Daheims" sauber zu halten versuchte ... Brenne das meiner Erinnerung ein! Amen.

# Gefahr

# 49

Gefahr ist doch eigentlich nicht wegzudenken von wach gelebtem Leben. Mit Recht heißt es: „Seien wir ehrlich: Leben ist immer lebensgefährlich.“[43] Mein Mut freut sich, wenn Gefahr mich herausfordert. Mein Übermut fordert selber die Gefahr heraus. Dabei war ich eigentlich immer schon zu vorsichtig veranlagt, aber der kleine Sprung über den Abgrund beim Klettern am Roten Turm, der war herausfordernd. Angeseilt war ich zwar, aber schwummerlich war mir doch – und zugleich war da dieses Hochgefühl von Lebendigkeit, dieser innerliche Knall eines Stöpsels und das Prickeln von Champagner.

Wozu fordert sie mich heraus, die Gefahr? Wozu forderst Du mich heraus durch Gefahr? Wohl dazu, dem Leben zu vertrauen, Dir zu vertrauen, Du Gefährlicher – gefährlich, weil Du die Lebendigkeit selber bist. Gefahr als drohendes Unheil gibt es dann wohl nur die eine: sich vor aller Gefahr sichern zu wollen – und zu erstarren. Vor dieser einzig drohenden Gefahr bewahre Du mich. Amen.

# Zeit

# 50

Zeit haben, Zeit verlieren, Zeit sparen, sich Zeit nehmen – lassen diese Ausdrücke es nicht so erscheinen, als ob wir Macht hätten über die Zeit? Erlebnismäßig aber ist es vielmehr die Zeit, die Macht hat über mich. „Die Zeit heilt alle Wunden“,[44] heißt es zwar, aber sie steht auch nicht still, lässt sich nicht anhalten, nicht zurückdrehen. Vor allem aber vergeht sie – und alle, die mir lieb sind, mit ihr. Die Zeit „rafft alles hinweg“, alles, auch mich selber.[45]

Freilich, die Kehrseite dieses unwiderruflichen Verrinnens ist, dass sie mir jeden Augenblick neue Möglichkeiten zuströmen lässt. Wenn alles gleichzeitig wäre, gäbe es ja niemals Neues. Zeit als Dein Geschenk ist Gelegenheit – jeden Augenblick neu. Ja, diese Gelegenheiten will ich zu feiern lernen, will lernen, mich an ihnen zu freuen und sie dankbar zu nutzen. Amen.

# Dünger

# 51

Dünger erscheint mir zwar als ein sonderbares Wort, um damit heute mein betendes Betrachten zu beginnen, aber eben darum will ich es versuchen. Da fällt mir gleich „der saubere Misthaufen“ ein, auf den unser Nachbar, der Hörndlbauer am Bichl, so stolz war. Und auch die fast noch winterlichen Weidewiesen sehe ich vor mir, auf denen der Frühlingskrokus besonders gern mitten in den Kuhfladen aufblühte.

Das „Frühlingswunder“ hat auch Piet Hein[46] mit Krokus verbunden: „Aus Humus wird jetzt gelber Krokus. / Das ist der reine Hokuspokus.“ Wie weit er sich der tiefen Bedeutung des Wortes „Hokuspokus“ bewusst war, weiß ich nicht. Es kommt ja von den lateinischen Wandlungsworten „hoc est corpus meum“, die Christus beim Abendmahl über das Brot spricht: „Dies ist mein Leib“. Und ist das nicht unser christlicher Hinweis auf das allgegenwärtige Geheimnis von „Geist und Kleid“?[47] Bist Du nicht gegenwärtig in „Stern und Blume“[48] – in allem? Ja. Nicht nur im Krokus, ebenso im Dünger darf ich Dir in Ehrfurcht begegnen. Amen.

# Vogelschrei

# 52

Vogelschrei ist wieder ein herausforderndes Startwort für nachdenkliches Beten, aber ich will mich der Herausforderung stellen und es als Einstieg verwenden für ein Nachspüren, das mein Herz zu Dir erhebt. Ich rufe in meiner Erinnerung den Schrei der Amsel wach. Er ist so ganz anders als ihr Singen am Morgen, dieses ihr Schreien an schwülen Sommerabenden, bevor sie im Dunkel der Fliederbüsche verschwindet. Aber beides, ihr Singen und ihr Schrei, sind dem Klang von Flöten oder auch Lauten ähnlicher als der menschlichen Stimme.

Diese Kluft zwischen den Klängen berührt mich als bedeutungsvoll. Oft scheint mir der Einsatz einer Singstimme die Unschuld des instrumentalen Vorspiels zu stören. Vogelbeobachter hätten hier einen zusätzlichen Grund, so leise zu sein: Scham. Selbst dem Wohlklang unseres schönsten Singens fehlt der reine Einklang des Vogelschreis mit Deiner großen grünenden Welt. Ich kann es nicht ändern, aber es soll mich demütig machen. Amen.

# Gespenst

# 53

Gespenst und Schemen (Schattenbild) gehören, so scheint mir, nicht nur zum wohligen Gruseln unserer Kinderphantasie beim abendlichen Geschichtenerzählen, sondern spielen wohl unser Leben lang eine Rolle. Und welche Rolle hast Du ihnen aufgegeben? Vielleicht ist es ihre Aufgabe, unser Gruseln wach zu halten. Wie grell und überbelichtet wäre doch alles, was wir erleben, ohne die lauernden Schatten im Halbdunkel.

„Die Lust hat eignes Grauen“,[49] weiß Eichendorff und erschaudert. Er weiß aber auch sehr wohl, dass es gerade dieses Grauen ist, das die Lust zugleich erdet und krönt. Das Gespenst unserer Vergänglichkeit zeigt mir, wie flüchtig sie ist, meine Lust, bringt sie aber zugleich zu ihrer vollen Süße, der „Süße reifender Gefahr“.[50] Und doch weiß ich auch mein flüchtigstes Erlebnis aufgehoben in Deiner bleibenden Gegenwart. Vergehen ist ja doch nur ein Schemen, weil für meine Geborgenheit in Dir „nichts Vergängliches vergeht“, nicht einmal die Vergänglichkeit.[51] Amen.

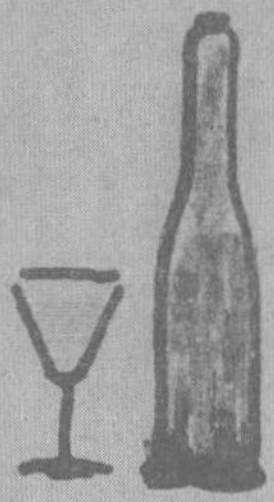

# Feier

# 54

Feier wird doch letztlich alles, was ich wach erlebe. Deine Gegenwart macht auch das geringste Erlebnis zur Feier. Und was heißt schon „gering"? Heute in der Morgensonne, als der Zaunkönig ganz nah an meinen Korbstuhl herankam, war das nicht ein Augenblick einzigartiger Feier? Gemeinsam feierten wir die Wärme der Herbstsonne. „Gemeinsam" ist hier das entscheidende Wort. Ist Feier nicht immer ein Feiern von Gemeinsamkeit? Hab ich nicht auch in der größten Einsamkeit, die ich erleben durfte – auf jener winzigen Insel im Meer –, letztlich immer diese beiden Geschenke gefeiert: die Gemeinsamkeit und das Zeithaben?

Zeit habe ich, sooft ich mir Zeit nehme. Und Gemeinsamkeit erlebe ich, sooft ich darauf achte. Den Apfel mit einem Freund zu teilen ist Feier. Auch wenn ich ganz allein bin und achtsam hineinbeiße, sind plötzlich die Gastarbeiter, die zur Obsternte kommen, bei mir und die einsamen Kraftfahrer bei Nacht und die müde Marktfrau. Und Du bist mit uns – immer zum Feiern bereit. Amen.

# Zauberkraft

# 55

Zauberkraft begegnet uns auf Schritt und Tritt, daran zweifle ich keinen Augenblick. Wie oft habe ich sie doch erlebt. Zuerst mein ganz automatisches Dahintrotten auf dem heißen Gehsteig, dann ein kühler Zugwind aus einer Seitenpassage – und plötzlich hat das Straßenbild Farben, Klänge, Bewegung. Oder bei Tisch: Mein unaufmerksames Hinunterlöffeln wird durch das Klirren eines Wasserglases in wache Freude an der warmen Suppe verwandelt. Sogar mein untätiges Daliegen im Bett kann durch ich weiß nicht, was, auf einmal zum wohligen Wahrnehmen von Decke und Polster werden, zu einem letzten Aufleuchten aller Sinne vor dem Einschlafen.

Ich weiß wirklich nicht, was diese geheimnisvolle Kraft ist, die da so unvermittelt alles verzaubert – ja, die eigentlich *mich* bezaubert, indem sie mich belebt. Jedenfalls nehme ich sie dankbar an; sie muss ja von Dir kommen. Und Dankbarkeit legt mir auch das Zauberwort in den Mund, das Zauberwort, das mich und die Welt belebt: „Danke!“ – Amen.

# Quellen und Anmerkungen

1 Rainer Maria Rilke (1875–1926), aus: „Sonette an Orpheus“, Erster Teil, VII. Sonett.

2 Joseph von Eichendorff (1788–1857), aus dem Gedicht „Wünschelrute“.

3 Johann Philipp Neumann (1774–1849), Liedtext aus dem Gloria in Franz Schuberts „Deutscher Messe“.

4 Rainer Maria Rilke, aus der Neunten Duineser Elegie.

5 Rainer Maria Rilke, aus: „Sonette an Orpheus“, Erster Teil, III. Sonett.

6 Joseph von Eichendorff, aus dem Gedicht „Es wandelt, was wir schauen“.

7 Ebenda.

8 Rainer Maria Rilke, aus „Das Buch vom mönchischen Leben“.

9 Georg Trakl (1887–1914), aus dem Gedicht „Ein Winterabend“.

10 Rainer Maria Rilke, aus: „Sonette an Orpheus“, Zweiter Teil, V. Sonett.

11 Rainer Maria Rilke, aus dem Gedicht „Ich lebe mein Leben in wachsenden Ringen“.

12 Gerhard Tersteegen (1697–1769), aus dem Liedtext zu „Gott ist gegenwärtig“.

13 Rainer Maria Rilke, aus: „Sonette an Orpheus“, Erster Teil, VII. Sonett.

14 Ebenda.

15 Zitat des Kirchenvaters Aurelius Augustinus, Bischof von Hippo (354–430).

16 Rainer Maria Rilke, aus: „Sonette an Orpheus“, Erster Teil, VIII. Sonett.

17 Ebenda.

18 Der Ausdruck „Die Gabe der Tränen“ weist in der christlichen Spiritualität auf Tränen als ein Geschenk des Heiligen Geistes hin.

19 Rainer Maria Rilke, aus: „Sonette an Orpheus“, Erster Teil, VIII. Sonett.

20 Rainer Maria Rilke, aus der Ersten Duineser Elegie.

21 Rainer Maria Rilke, aus: „Sonette an Orpheus“, Erster Teil, IX. Sonett.

22 Inspiriert von Bernhard von Clairvaux (1090–1153): „Die Ruhe Gottes macht alles ruhig. Und wer sich in die Ruhe hinablässt, wird ruhig.“

23 Antiphonar (auch Antiphonale): liturgisches Buch mit den Gesängen des Stundengebets.

24 Walter Flex (1887–1917), aus dem Gedicht „Die Wiese schäumt von Blüten“.

25 Helmut Richard Niebuhr (1894–1962), US-amerikanischer Theologe, in: „The Purpose of the Church and Its Ministry“.

26 „Ordo amoris“ („Ordnung der Liebe“), aus: Aurelius Augustinus, „Gottesstadt“, 15. Buch.

27 https://www.helmholtz.de/newsroom/artikel/wie-viele-nervenzellen-hat-das-gehirn/ (Abruf 12.11.2022).

28 Rainer Maria Rilke, aus: „Sonette an Orpheus“, Zweiter Teil, I. Sonett.

29 Psalm 36, Vers 10.

30 Rainer Maria Rilke, aus: „Sonette an Orpheus“, Zweiter Teil, V. Sonett.

31 Lukasevangelium, Kapitel 22, Vers 42.

32 „rigor mortis“ = „Totenstarre“.

33 Aus dem „Schnitterlied“, einem deutschen Volkslied des 17. Jahrhunderts, in der Fassung der Liedersammlung „Des Knaben Wunderhorn“ (1805/1808).

34 Elisabeth Amalie Eugenie (1837–1898), genannt Sisi, österreichische Kaiserin.

35 Eduard Mörike (1804–1875), aus dem Gedicht „Im Frühling“.

36 „Fatum“: lateinisch für „dem Menschen bestimmtes Schicksal“.

37 gl. Rainer Maria Rilke: „Befiehl den letzten Früchten, voll zu sein; / gib ihnen noch zwei südlichere Tage, / dränge sie zur Vollendung hin, und jage / die letzte Süße in den schweren Wein“ (aus dem Gedicht „Herbsttag“).

38 Christian Knorr von Rosenroth (1636–1689), aus dem gleichnamigen Kirchenlied.

39 2. Korintherbrief, Kapitel 9, Vers 10.

40 Lukasevangelium, Kapitel 8, Vers 3.

41 „Lui dorme“ – italienisch: „Er schläft“.

42 Rainer Maria Rilke, aus: „Sonette an Orpheus“, Erster Teil, XXVI. Sonett.

43 Aus einem Vierzeiler von Erich Kästner (1899–1974).

44 Voltaire (1694–1778), aus: „Der ehrliche Hurone“, Kapitel 20.

45 Nach dem Studentenlied „Gaudeamus igitur“: „venit mors velociter, / rapit nos atrociter, / nemini parcetur“ – „Der Tod kommt schnell. Er schnappt uns fürchterlich. Niemand wird verschont.“

46 Piet Hein (1905–1996) war ein dänischer Physiker, Erfinder und Dichter, der literarisch für seine „Gruks“ (geistreiche, aphoristisch-pointierte Kurzgedichte) in dänischer und englischer Sprache bekannt ist.

47 Clemens von Brentano (1778–1842), aus dem Gedicht „Was reif in diesen Zeilen steht“.

48 Ebenda.

49 Joseph von Eichendorff, aus dem Gedicht „Es wandelt, was wir schauen“.

50 Rainer Maria Rilke, aus: „Sonette an Orpheus“, Zweiter Teil, XXIII. Sonett.

51 Werner Bergengruen (1892–1964), aus dem Gedicht „Nichts Vergängliches vergeht“.

# Index der Gebetsworte

# Der Autor

**David Steindl-Rast**, geboren 1926 in Wien, ist Benediktinermönch, Schriftsteller und international bekannter spiritueller Lehrer. Seit 1965 praktiziert er Zen. Er lebte viele Jahre als Eremit in der Nähe des Klosters Mount Saviour im Bundesstaat New York. Im Sommer ist das Europakloster Gut Aich in Österreich sein Lebensort. Bruder David wurde international für seine interreligiöse Offenheit und als Lehrer der Dankbarkeit bekannt. 2022 wurde ihm der Theologische Preis der Salzburger Hochschulwochen zugesprochen.

VERLAGSGRUPPE PATMOS

PATMOS
ESCHBACH
GRÜNEWALD
THORBECKE
SCHWABEN
VER SACRUM

Die Verlagsgruppe
mit Sinn für das Leben

MIX
Papier aus verantwortungsvollen Quellen
FSC® C014138
www.fsc.org

Klimaneutral
Druckprodukt
ClimatePartner.com/14549-2003-1001

Die Verlagsgruppe Patmos ist sich ihrer Verantwortung gegenüber unserer Umwelt bewusst. Wir folgen dem Prinzip der Nachhaltigkeit und streben den Einklang von wirtschaftlicher Entwicklung, sozialer Sicherheit und Erhaltung unserer natürlichen Lebensgrundlagen an. Näheres zur Nachhaltigkeitsstrategie der Verlagsgruppe Patmos auf unserer Website www.verlagsgruppe-patmos.de/nachhaltig-gut-leben

2. Auflage 2023

Verlagsgruppe Patmos in der Schwabenverlag AG, Ostfildern
www.verlagsgruppe-patmos.de

Gestaltung: Finken & Bumiller, Stuttgart
Umschlagfoto: Norbert Kopf, Salzburg
Illustrationen im Innenteil: David Steindl-Rast
fotografiert von Norbert Kopf, Salzburg
Druck: Finidr s.r.o., Český Těšín
Hergestellt in Tschechien
ISBN 978-3-8436-1427-6